Johanna Maria Schwidergall

Herzgefährten

Gedichte

von Abschied und Neubeginn

Bibliografische Information der Deutschen Nationalbibliothek:
Die Deutsche Nationalbibliothek verzeichnet diese Publikation
in der Deutschen Nationalbibliografie; detaillierte
bibliografische Daten sind im Internet über dnb.dnb.de
abrufbar.

© 2020 Johanna Maria Schwidergall
Herstellung und Verlag: BoD – Books on Demand, Norderstedt
ISBN: 978-3-7519-5502-7

Für meine Kinder in großer Liebe.

Ihr seid mein größter Schatz.

Und zur Erinnerung an Euern Vater.

Kann schon sein …

… dass ich nochmals
was Neues ausprobiere
Hier oder dort
Heute oder morgen
Früher oder später

Kann schon sein

Kann aber auch sein
dass es bleibt wie es ist
Mit dir und mir

Hier und heute
Morgen und übermorgen
Jahr für Jahr

Auch das würde mir gefallen

Nenn es Hoffnung

… was dich trägt seit Jahren
und dich wieder aufstehen lässt
von ganz unten
von da, wo kein Licht mehr scheint
und keine Sonne dich wärmt

wo du einsam bist
traurig mutlos und allein

Nenn es Hoffnung
Halt dich fest daran

Und wage Schritte
Kleine Schritte
von einem Tag zum nächsten

Schwarzer Novemberabend

Wie Krähen
auf schwarzer Erde picken
mit spitzen Schnäbeln

trafen mich deine Worte
ließen erstarren zu schwarzem Eis

Angst schnürte meine Kehle zu

Und eine Faust
schlug in mein Herz fünf Buchstaben
K R E B S

Zwiegespräch

Rede mit ihr,
damit sie seine Stimme nicht mehr hört,
die schöne Worte zu ihr sagt

Halte sie fest mit liebevollen Armen,
damit sie kein Schlupfloch findet zu ihm

Lache mit ihr,
damit sie die Angst verliert,
ihm schon längst verfallen zu sein

Streichle behutsam seine Zärtlichkeit
von ihrer Haut
und sage ihr,
dass du sie liebst

Nur das sind die Worte,
den anderen zu bannen

Sprich sie bald,
diese Worte,
damit ich weiß,
wohin ich gehöre

Ausgepowert

Wäscheberge
schmutzige Fensterscheiben
Staub auf allen Möbeln
die Gardinen verraucht
fast verdorrte Zimmerpflanzen –
das ist momentan der Zustand meines Zuhauses

Rechnungen, ungeöffnet,
neben Katalogen
Steuerbescheinigungen
unter Zeitschriften versteckt
Längst ungültige, verloren geglaubte Eintrittskarten
Zettel mit verpassten Terminen
unter unausgepackten Büchern –
so sieht mein Arbeitszimmer aus

Ich sehe die Unordnung
doch ich kann sie nicht ändern
Hab keine Kraft
bin matt und müde

Möchte nur noch schlafen –
am liebsten eine Woche lang

Fernfahrer-blues

Jede Nacht seit drei Jahrzehnten
fährst du Kilometer um Kilometer von mir weg

Auf überfüllten Autobahnen
durch Schnee und Eis
durch Regen und Nebel

Alleine mit deinen Gedanken
und der Fracht auf der Ladefläche

Vor dir das Band der Straße
Neben dir Kaffee und Zigaretten
von denen du längst abhängig bist

Nach vielen Stunden
kommst du müde und ausgelaugt
wieder zu Hause an
wo ich auf dich warte

Nicht immer freundlich
oftmals verärgert über diesen Job
der mir so viel von dir stiehlt

Schlimmer wäre nur
würdest du eines Abends
überhaupt nicht mehr
zurückkehren

Dunkle Weihnacht

Trotz vieler heller Weihnachtskerzen
fühl ich Hass in meinem Herzen - und meine Seele
weint

Trotz Stiller Nacht und Glockenklang
ist mir in diesem Jahr so bang - mein Herz ist wie
versteint

Trotz Christgeburt und Hirtenfeld
bin ich alleine auf der Welt. Kein Licht, das für mich
scheint

Kein Weihnachtsfriede stellt sich ein,
um mich scheint alles tot zu sein. Ich bin mein
eigner Feind

Mechanisch tu ich meine Pflicht
die Engelchöre hör ich nicht. Bin nicht mit Gott
vereint

Herr, sende einen kleinen Strahl
des Lichts aus jenem armen Stall, dass es für mich
auch scheint!

Keine Träne für 2002

Ich wein dir keine Träne nach,
du Ungeheuer von Jahr!
Bist mit mir Karussell gefahren
Hast mich an der höchsten Stelle fallen lassen
Verwirrt, verängstigt
Mir meinen Halt genommen
mich meine Ohnmacht spüren lassen

Hast gepeinigt mit Worten und Taten
und mich damit allein gelassen

Nahmst mir alle Kraft –
Keine Zeit zum Atem holen …
Wofür? Sag es mir!

Vielleicht weiß das Neue Jahr darauf die Antwort

und ich kann dich schwarze Perle
in meiner hellen Lebenskette
irgendwann annehmen

Angst

Ich habe Angst –
um mich und manchmal auch vor mir
Hab mich verändert
Kann es nicht ändern
Möchte sein wie früher

Wann war früher?
Vor September
jetzt ist Dezember
und nichts ist gut
Ich habe Wut

Bin wieder zum Kind geworden
mit meinen ergrauenden Haaren

Kann mich nicht wehren
gegen diese Frau
die meine Mutter ist und stündlich bei mir
so gar nicht alt und weise
und die mich täglich ein Stück weiter
zurück in ihren Schoß zu ziehen scheint

Wenn es ginge ...

... würde ich gehen:
In das Land nahe des großen Sees

Mit seinen grünen Hügeln
seiner roten Erde

Wo unzählige Vögel mir unbekannte Lieder singen
Mit Bäumen, die zweifarbig blühen
und einem Wappen, vom Kranich geziert:
Rot wie Blut, das die Erde tränkt
Schwarz wie die Menschen
Golden wie die Sonne, Wärme und Hoffnung
schenkend

Ich möchte umgeben sein
von fröhlichen Kindern mit krausem Haar
von Frauen – schön stark mutig
Möchte mit ihnen essen und tanzen
und nah ihnen sein

Meine Hände sollen ruhen in schwarzen Händen
Dann nimmt der Weißkopfadler
mein Herz auf seinen Schwingen
hoch hinauf ins Himmelsblau und
leicht wie Federn sollen sein meine Gedanken

O mein Uganda – you pearl in Africas crown!

Warte auf mich - ich werde kommen
Ich werde kommen. Bald. Warte auf mich

Wiederholung

Noch einmal geschieht das Wunder der unruhigen
Stunden:

Dein Herz versucht den Verstand zu überlisten

Du erinnerst dich an das, was war,
und träumst von dem, was sein könnte

Mutig willst du alles aufs Spiel setzen
und ziehst dich dann doch feige zurück
mit einem „vielleicht" auf den Lippen
ahnend, dass daraus durchaus ein „ja" werden kann
mit aller Angst vor dem Danach...

Alles überlässt du scheinbar dem Zufall
und überlegst, wie du diesem nachhelfen könntest

Du wartest auf den Briefträger – er bringt nichts
Der PC wird zu deinem engsten Vertrauten und
schlimmsten Feind
Du umschleichst ihn
um so ganz nebenbei deine e-mails abzuholen

Irgendwann steht da tatsächlich schwarz auf weiß:
Ich liebe dich oder ich vermisse dich oder ich will
dich

Oder alles auf einmal und du weißt:

Herz gegen Verstand 1:0

Time to say good bye

Du musstest gehen, dein Urlaub war um

Hab dich zum Airport gebracht
von dir Abschied genommen
mit Wehmut, Tränen und allem,
was dazu gehört

Jetzt bin ich wieder zu Hause

Kaum zu sehen, dass du hier warst

Auf dem Bett das zerknüllte Kissen
Dort ein vergessenes Paar Socken
In der Ecke der player mit unserer Musik

Fast spurlos bist du gegangen – fast

Nur in meinem Herzen bleiben deine Spuren
ganz tief für immer
unauslöschlich eingebrannt
… und niemand weiß davon

Heimatlos

Sie meinte, schon lange zu Hause zu sein; wollte die
starke Schulter, den sicheren Halt ihres Mannes
endlich schätzen lernen. Wollte zufrieden sein mit
dem, was er ihr gab, und mit ihrem Leben im
Allgemeinen. Wollte gleichsam auf ruhigen Bahnen
ins Alter sich gleiten lassen, dankbar für sorgenfreie
Stunden an seiner Seite. Sie glaubte, die Unruhe
ihres Herzens endlich besiegt zu haben.
Da tritt ein anderer in ihre Gartenzwergidylle: Jung
noch, und neugierig aufs Leben. So ganz anders ist
er als all die anderen Begleiter, die ihrem Dasein
etwas Farbe und das gewisse Etwas gaben; die ihr
halfen, nicht zu verzweifeln, nicht zu ertrinken in all
den Jahrzehnten voll Einsamkeit an ihres Mannes
Seite.
Ihr selbstgestricktes Eigenheim mit all seinem
Plüsch und Plunder, seiner glatten Fassade über
tiefen Rissen, wird auch diesmal wieder ganz
langsam zusammenfallen, um nach dieser Affäre –
die wirklich jetzt die letzte ihres Lebens sein wird! –
von ihr erneut zum Xten Mal aufgebaut werden…

Oder aber –

Sie schreitet dieses Mal
ohne zurück zu blicken
über die Trümmer hinweg
durchs Gartentor
in die Freiheit

Intensität

Es stirbt nicht im Laufe der Jahre
dieses Weh im Herzen
diese Sehnsucht

Es begleitet dich durchs Leben:

Durch die erste große Liebe
mit all ihren Tränen
ihrer Unsicherheit
ihren Träumen

Es bleibt jedes Mal neu

Die Schmetterlinge im Bauch
flattern genauso wie mit siebzehn
auch wenn du fünfzig bist

Die Träume sind gleich süß

Nur die Tränen schmecken jedes Mal ein wenig
bitterer

Lass mir die Schmetterlinge
Träum meine Träume mit

Aber halte mich etwas fester als sonst
wenn ich diesmal meine Tränen weine

Mein Leitspruch

Lieber ab und zu
mit jemandem Achterbahn fahren
ohne zu wissen,
ob du an der höchsten Stelle
losgelassen wirst

als

in der relativen Sicherheit einer Limousine
auf gerader Straße durch die Landschaft trödeln

ohne zu spüren
ob dein Herz noch schlägt

Wieder mal Mai

Mairegen –

schwere kühle Tropfen
vermischen sich mit den Tränen
auf meinem Gesicht

So wie Regen die Felder tränkt
vorbereitet auf eine gute Ernte

befreien Tränen meine Seele

Bereiten sie vor
auf einen schönen Sommer mit dir

Mairegen – tränenschwer

ermöglicht der Sonne ihr fruchtbares Tun

Du mein Ruhepol

Lass mich dir nah sein

Deinen Herzschlag spüren

Deine Wärme fühlen

Deine Hände halten

Deine Lippen küssen

Schenk mir deine Nähe

Zwiesprache

Der Spiegel sagt im Morgenlicht eiskalt:
Zu viele Falten und zu alt!

Das Schaufenster säuselt im Vorübergehn:
Naja, noch recht gut anzusehn!

Die Augen des Nachbarn funkeln blau,
fragend: wohin des Weges, schöne Frau?

Die ruhige Fläche des Teichs
raunt im Dämmern dir zu:
O, wie zauberhaft bist du!

Der Spiegel deiner Seele flüstert
auf dem Nachhauseweg:

Dein Alter ist egal –
ER hatte die Wahl.
Unter all diesen Jungen
Hat DEIN Herz ihn bezwungen.
ER weiß, was er will.
Folg du DEINEM Gefühl!

Happy birthday

Vom Ausruhen stand da was auf der
Geburtstagskarte

Bedruckt war sie mit buntem Laub
Eine Bank war drauf unter einem Baum
von dem die Blätter fallen
Fehlte nur noch die alte Frau ...

Diese Glückwünsche lagen voll daneben
sind nichts für mich
fühl ich mich doch allenfalls im frühen Spätsommer

Ausruhn will ich mich dereinst in meinem Grab

Buntes Laub auf Karten hab ich noch nie gemocht

Die Bank unterm Baum – ja

Aber nicht allein will ich drauf sitzen und stricken
sondern mit dem Mann, den ich liebe
und küssen will ich, küssen

Yesterday – today – tomorrow

Gestern
war ich nervös
knatschig
unzufrieden auch
direkt bösartig zu meinem Umfeld

Heute
geht es mir wieder besser
weil ich mich sonst nur unbeliebt mache
bei mir selbst
mit meiner Krise
und weil es eh keiner versteht

Morgen
kann sein
bin ich wieder glücklich
und obenauf und bezaubernd

Zwiespalt

Zwischen Pflicht und Liebe
zwischen alt und jung
zwischen zwei Welten
bewege ich mich

Zwischen den Stühlen
sitze ich
Bin gut, bin böse
Möchte bleiben und gehen

Fühle Kämpfe in mir toben:
Wer gegen wen?
Tochter gegen Mutter?
Alter gegen Jugend?
Gegenwart gegen Vergangenheit?

Eingreifen kann ich nicht
Weiß nicht, auf welcher Seite ich stehe
Weiß nur, dass ich mich schützen muss
Weiß doch nicht, wie

Wenn es sein muss …

… kann ich schon mal für längere Zeit alleine sein
ein paar Tage auf geregeltes Essen verzichten
keine Wutanfälle kriegen
Wenn es sein muss

Doch wer sagt, dass es sein muss?
Ich und nur ich möchte bestimmen
Über Ordnung und Chaos
essen und trinken
weinen und lachen
und über mich selbst

Wenn nicht jetzt, wann dann?

Unvernunft

Es ist unvernünftig, sich mit über fünfzig Jahren noch tätowieren zu lassen (wegen der schrumpeligen Haut dereinst).

Es ist unvernünftig, sich noch mal so richtig zu verlieben (weil die Leute reden).

Es ist unvernünftig, bis in den Oktober hinein barfuß zu laufen (wegen eventueller Blasenentzündungen).

Es ist unvernünftig, über Trennung nachzudenken (Was ist mit den vielen gemeinsamen Jahren?).

Es ist äußerst unvernünftig, noch mal neu beginnen zu wollen – ganz woanders (denk an die Einsamkeit im Alter!)

Es ist unvernünftig, derlei Gedanken überhaupt zu haben (Fordere das Schicksal nicht heraus!)

Ich denke, es ist unvernünftig, derartige Gedanken NICHT zuzulassen (wegen des Lebens um des Lebens willen!)

Quell meiner Freude ...

So nennt er mich oft
und „meine Blume"
Ab und zu auch süßes Herz

Oder Königin meines Lebens

Doch am schönsten finde ich
wenn er sagt

Mein Lieb

Johanna

Getauft bin ich auf diesen Namen

Oft wurde er in meiner Kindheit
verniedlicht verkleinert verstümmelt belacht

und als altmodisch empfunden
in meiner Jungmädchenzeit

Hat lange gedauert für mich
ihn anzunehmen in seiner Länge
ihn zu lieben in seiner Un-Modernität

Nun hab ich meinen Wert erkannt
Bin glücklich über meinen Namen
weil ich jetzt weiß
was er bedeutet:

Gott ist gnädig
Versprechen und Trost zugleich

Johanna wird ER mich rufen
wenn es Zeit ist für mich

Getreu seinem Wort:

Ich habe deinen Namen in meine Hand geschrieben.
Du bist mein

Bruder Tod

Lange Zeit warst du uns fremd. Mit den Jahren lernten wir dich kennen, doch wir sperrten dich aus unserem Leben aus. Wir vermuteten dich irgendwo – bei anderen. Doch du hast nicht locker gelassen im Kampf darum, von uns wahrgenommen zu werden.

Manchmal ahnten wir deinen schwarzen Schatten – doch nie sehr lange.

Im Laufe der Zeit nahmen wir dich öfter wahr, spürten deine Gegenwart mehr und mehr. Das Grauen vor dir wurde etwas weniger, weil Tod zum Leben dazu gehört.

Nun – nach langen Jahren – sehen wir dich an der Türe stehen: Still, wartend, ja tröstlich direkt.

Deine Schwärze beginnt sich langsam zu wandeln in Farben, die immer heller werden. Unsere Angst ist gewichen und macht Platz einer neuen Erkenntnis.

Bruder Tod, tritt ein bei uns

Komm in unsere Mitte – wir erwarten dich und heißen dich willkommen.

Bruder Tod, nimm meinen Bruder an deine Hand und führe ihn dahin, wo wir uns einst wiedersehen werden.

Abschied

Ich halte deinen Kopf in meinen Händen, küsse dein eingefallenes Gesicht, schaue in deine Augen, deren Blick sich in Fernen zu verlieren scheint. Deine mageren Arme umfassen mich, wir sind uns so nahe wie lange nicht mehr.

Ist es das letzte Mal, dass wir uns so halten? Wirst du am Mittwoch noch hier auf mich warten? Oder wirst du schon dort sein, wohin ich dich jetzt loslasse?

Wie es auch sein wird: Ich sterbe mit dir und erwache erst wieder zum Leben, wenn du den Ort gefunden hast, wo deiner Seele Flügel wachsen und wo deine Mühsal sich in Freude verwandeln wird.

Hab eine gute Reise, mein Bruder, all meine Liebe und Erinnerungen begleiten dich!

Deine Hände

An meiner Hand machtest du die ersten unsicheren
Schritte deines jungen Lebens. Vertrauensvoll lag
deine kleine Rechte in meiner Linken
Wir hielten uns gerne aneinander fest. Gemeinsam
fühlten wir uns stark.

Lange habe ich deine Hände nicht mehr betrachtet.
Nun liegt deine Linke, so schmal, weiß und blau
geädert, in meiner Rechten. Sie ist kalt. Noch spüre
ich deinen Pulsschlag. Ich halte dich fest wie früher.
Aber ich kann nicht mit dir gehen, muss dich bald
loslassen
So gerne möchte ich dir Leben geben in diese deine
Hand - Leben von mir, damit du bei uns bleiben
kannst. Es geht nicht.
Ich halte dich still fest, sehe deinem ruhigen Atem zu.
Erinnere mich an unsere Kindheit: Ich die Große, du
der Kleine. Heut bin ich die Schwache. Du bist stark.

Schmale weiße Hand, ich will dich solange halten, bis
das Band, das uns umschlingt, reißt.
Danach bleibe ich zurück - mit leeren Händen und
einem Herz voll Trauer

Trost

Voll war die Kirche mit schwitzenden Menschen
Sonnenkringel tanzten auf dem Boden
als der Pfarrer viele gute Worte fand -
ganz deiner Person angemessen

Herzen trauerschwer
Augen tränennass

Plötzlich ein Schmetterling über uns
Er bewegt sich in den Sonnenstrahlen
schwebt über dem Altar
überkreuzt die Bankreihen von vorne nach hinten

Hebt sich langsam höher und höher
um dann durch ein Fenster den Raum zu verlassen

In diesem Augenblick wurden die Herzen
ein wenig froher
fiel das Atmen etwas leichter
umfingen lichte Gedanken die schwarze Trauer

Alle
die den Falter sahen
wussten nun: Es ist ein Gruß von dir

Die Botschaft soll heißen:
Leicht wie auf Flügeln
bin nun auch ich

Eine Nacht im Sommer

Manchmal
bekommst du eine Nacht geschenkt
In der du ganz du selbst sein darfst

Du gibst dich hin mit ganzer Seele
egoistisch fordernd
zärtlich gebend

Du sprühst vor Leben und ahnst
dass solche Nächte nicht mehr oft
sich wiederholen

Eine Nacht
In der sich Traum und Wirklichkeit begegnen

Solch eine Nacht –
Nimm sie an in Dankbarkeit
mit ein bisschen Demut
und ein wenig Trauer auch

Schenke ihm
der morgens neben dir erwacht
ein Stückchen deiner Seele

Denn er teilte die Lust mit dir
und war da
als du ihn brauchtest

Hochsommer 2003

Heiß wie nie die Tage
Traurig wie nie meine Seele
Glücklich wie nie mein Herz

Glück im Leid
Leid im Glück

Beides ist zu ertragen

Und man liebt und lacht und weint

Was wird sein im Herbst?

Ankunft 2004

Nach langem Flug die Landung

Empfangen von warmem Wind
und einem großen Schwarm Mücken

Die Gangway hinab
Unter den Füßen wieder Uganda - endlich

Koffer
erwarten erhaschen aufladen

Unsichere Schritte in den Ankunftsbereich

Suchende Blicke nach allen Seiten –

Wo ist …?

Schon umfangen mich Arme
Seine und fremde

Ich schaue in dunkle lachende Gesichter
Seines und fremde

Und weiß ganz sicher:
Hier gehöre ich hin

Glücksgefühl

Zu wissen

Du bist in der Nähe
dies ist deine Heimat
hier bist du geboren

Zu sehen
deine Familie
in ihrem Leben, mit ihrer Arbeit

Zu fühlen
angekommen zu sein
mit Leib und Seele

Angenommen zu werden
mit Fehlern und Schwächen

Darauf zu vertrauen
geliebt zu werden:

Das ist Glück

Nähe

Hab dich lange nicht gesehn

Du kommst mir reifer vor
selbstbewusst und stark

Dein Lächeln
verzaubert mich aufs Neue

Du riechst nach Afrika
fremd und doch vertraut –

Ich bin dir nah wie immer
wo und wann wir uns auch treffen

Denn
dein Land
      ist mein Land
            ist unser Land
                  ist Wunderland

Inna und ich

Ein Stück näher sind wir uns gekommen

Die Liebe zu Uganda und
unser Schicksal
verbinden uns

Komm, lass uns lachen
mit den kraushaarigen Kindern

Lass uns tanzen und singen
mit diesen starken Frauen
die ähnliche Sorgen haben wie wir

Lass uns einfach hier sein

Zum Reden und Weinen ist abends Zeit
wenn die Sonne hinterm Horizont verschwindet

Wenn die Vögel verstummen
und die Blumen ihre Blüten schließen

Dann möchte ich mit dir
unterm unendlich hohen Himmel Afrikas

die Sterne zählen
dich anschauen
dich Schwester nennen

und spüren:
Wir können es schaffen

Irgendwann

An dem Tag
an dem du von mir gehst

- wann wird das sein? –

werde ich meine Arme öffnen
um dich loszulassen

Meine Augen
werden voll Stolz auf dich schauen
Mein Mund wird lächeln
und ich werde dir fröhlich nachwinken

Mein Herz aber
werde ich verschließen
damit die Erinnerung
an das Glück mit dir
darin bewahrt bleibt – für alle Zeit

Dankbar werde ich die Liebe
die uns verbindet für immer
in stillen Stunden
in meinem Herzen betrachten
mich erinnern und an dich denken

(bitte bleib noch …)

Inventur per 08. April 2004

Einige Möbel – etwas abgewohnt –

Alben mit Fotos
Vertrocknete Blüten eines Rosenstraußes

Ein Herz voll Erinnerung
Auch bittere Gedanken

Geweinte und nicht geweinte Tränen

Eine Handvoll Optimismus
Ein Kopf voller Träume
Stolz über das bisher Erreichte

Und leise Freude
an der wieder gewonnenen Freiheit

Das ist alles
was von vierunddreißig Ehejahren bleibt

Es ist Zeit

Sag nicht

dass du mich liebst
Es klingt fremd aus deinem Mund

Sag nicht
dass du um mich kämpfen willst
Das macht mir Angst

Stell keine Bedingungen
für einen Neuanfang
Ich kann sie nicht erfüllen

Lass mich einfach gehen

Herz aus Eis

Leere in mir
lässt mich verstummen

Kälte in mir
lässt mich zittern

Liebe, die ich nicht mehr habe für dich
lässt mich weinen

So kann ich nicht leben

Darum bist du nun allein

Tränen, nichts als Tränen

Ich weine um die Liebe
die ich nicht erhalten konnte

Ich weine um die Stunden
meiner Einsamkeit neben dir

Ich weine um den Mann
den ich heute verlasse

Lasst mich weinen
weinen weinen
alle Tränen dieser Welt

um den
den ich einst so sehr geliebt

Vom richtigen Zeitpunkt

Wann ist die beste Zeit
sich zu trennen?

Ich denke:
Es ist immer zu früh
aber nie zu spät

Um mich eine Mauer

Kraftlos habe ich mich nie erlebt
Nun ist auch die Zeit dafür gekommen

Zu spüren
dass mein Körper mir Grenzen zeigt

Zu fühlen
was Einsamkeit ist

Zu atmen
ohne mich lebendig zu fühlen

Zu hinterfragen und überdenken
Alles mit mir allein ausfechten zu müssen

Das ist der Punkt
das Licht am Ende des Tunnels zu suchen
um nicht unterzugehen
zwischen Vergangenheit und Zukunft

Ich suche dich, du kleine Flamme,
die für alle brennt
die sie sehen möchten
die wieder atmen wollen
und sich nach dem Leben sehnen

Ich gehe auf sie zu
Sie zeigt mir den Weg
führt mich aus Dunkelheit Angst
Hoffnungslosigkeit Trauer

Ich geh auf sie zu – und sie wird langsam größer

Was mich am Leben hält

Zuerst nur ein kurzer Gedanke
fast wie ein Hauch
Gleich wieder verscheucht und
untergegangen im Alltag

Doch er ist zäh
Lässt sich nicht verdrängen
kehrt wieder nimmt Gestalt an

Gibt Kraft schenkt Hoffnung
will näher betrachtet werden

Und eines Tages weiß ich es:
Warum nicht Afrika?

In ein paar Jahren

Nicht nur zu Besuch
Vielleicht für länger
Oder gar für immer?

Für immer …
Ich denke für immer

Freiheit

Gedanken – eingesperrt in meinem Kopf
Gefühle – gefangen im Herzen
Tränen – verborgen hinter geschlossenen Augen

Ich rufe euch
Kommt alle hervor
aus euren Verstecken
Ich nehme euch wahr
Setzte mich auseinander mit euch

Will eure Energien spüren
Will klagen und weinen
über Verlorenes und Vergangenes

Will öffnen mein Herz
dem Augenblick dem Heute dem Leben
das neu erwacht
auf mich wartet mit gefüllten Händen

Herbstgedanken

Blätter, farbige
regnen vom Baum
einzeln oder in ganzen Büscheln
bedecken den Boden wie einen Teppich
über den ich raschelnd gehe

Da kommt ein Mann

Kehrt zusammen und bringt weg
als wäre nichts gewesen

Tränen, salzig und bitter
brennen in meinen Augen
lösen sich einzeln oder in Strömen
bilden einen See zu meinen Füßen
in dem ich ertrinken möchte

Da kommt ein Mann

Seine starken Arme greifen nach mir
ziehen mich aus meinem Tränensee
und halten mich fest
Seine sanften Lippen
liebkosen mein Gesicht
Seine freundlichen Augen
geben mir Kraft und Hoffnung

Sein strahlendes Lächeln steckt an

Es ist
als hätte ich nie geweint

Liebe lebt noch in mir

Ich schaue in sanfte Augen
und trinke von zärtlichen Lippen Küsse

Bin in deinen Armen geborgen

Darf dir nahe sein
und dich bis zum Grund meiner Seele
in mir spüren
wie niemanden je zuvor

Darum will ich schweigen
einfach nur schweigen
weil Worte nicht sagen können
was du für mich bist

Tagzeiten

Du bist wie der unverbrauchte Morgen
Neugierig
Offen für das Kommende

Du bist wie der glutvolle Mittag
Rastlos und unruhig
Mitten im Geschehen

Du bist wie der sanfte Abend
entspannend und erholsam

Teile mit mir auch
die zärtliche Nacht
mit Lust und Leidenschaft
mit leisem Geflüster

Zähle mit mir die Sterne
Und halte mich fest
wenn Finsternis mich ängstigt

Halte mich fest
Du mein Morgen mein Mittag mein Abend

Uganda

Mein Traumland –

Sehnsucht
nach glühenden Feuern
grünen Hügeln
und roter Erde

Nach Trommeln Gesang und Tanz
Nach lachenden Kindern und
fröhlichen Frauen in bunten Gewändern

Nach dunklen Nächten
mit geheimnisvollen Lauten

Mein Land am Äquator
Sei bereit für mich
Ich komme schon bald

Gras im Wind

Wie Gras im Wind
bin ich geworden

Niedergedrückt zum Boden
zertreten von groben Schuhen

Im Zerdrückt werden
mich schon wieder aufrichtend
Nach oben strebend
dem Himmel entgegen

Wie Gras im Wind
bin ich geworden

Mit scharfen Kanten
die verletzen können
Mit spröden Stellen
die leicht brechen

Starker Wille lässt mich
Immer wieder aufwärtsstreben

Ich trotze
Sturm Frost und Regen
stehe stolz und aufrecht

Biegsam doch nicht verbogen

Wurzeln die sich lösen

Seit Jahrzehnten verwurzelt
im Boden meiner Heimat

Schwarzwalderde
brachte mich hervor
ließ mich wachsen
und gab mir Halt

Nun lösen sacht
sich meine Wurzeln
lockern zaghaft die Erde

Fruchtbarer Boden
hält mich noch fest
gibt mich aber doch
langsam schon frei

zu neuem Treiben
neuem Wachsen
neuem Blühen
in der Erde Afrikas

Spieglein an der Wand

Ohne Erschrecken
morgens mein Gesicht
im Spiegel sehen:

Neue Falten darin entdecken
und jede liebevoll begrüßen

Vor Altersflecken
keine Angst zu haben

In meine Augen schauen
die das Leuchten noch nicht verloren haben
aus denen noch von Zeit zu Zeit
die Neugier eines jungen Mädchens hervorblinzelt

Seht euch satt, meine Augen
an den Wundern dieser Welt

Hier und dort
Heute und morgen

und viele Tage noch

Eingesperrt

Sätze Reime Worte
Erinnerungen Träume Gedanken

Eingesperrt im Kopf
Gefangen in der Seele
Verschlossen im Herz

Zu kostbar
zu wertvoll
um sie zu entlassen
in das Chaos
das um mich war
in dem ich stand
und mich im Kreis bewegte:

Ohne Zukunft
in sorgenvoller Gegenwart
mit aschegrauer Vergangenheit

Ich drehe mich noch immer im Kreis
doch nun tanzend und befreit
unterm Regenbogen
weg von Kummer und Leid
Schritt für Schritt zu neuem Beginn

Ich öffne die Schranken
für meine Gedanken
und lasse sie frei

Metamorphose

Strahlende Augen
Glänzendes Haar
Lächelnder Mund
Funkelnder Blick –

Nie fand ich mich so schön
wie jetzt mit über sechzig

Stolz stark mutig frei bin ich heute –
- welch gutes Gefühl!

Jahre der Erfahrung habe ich durchlebt
Weisheit will ich nun sammeln
Gelassenheit ausstrahlen

und mich aufmachen zu neuen Ufern in der Ferne

Angst hab ich wenig

Ich werfe einfach mein Herz in den Fluss
und schwimme hinterher

Gegenwind

Im Gegenwind stehen
Sich ihm entgegenstemmen
Ihm das Gesicht darbieten
Schutzlos ihm ausgeliefert sein

Aber zu spüren
dass ich feststehe
auf beiden Beinen
verankert mitten im Leben

Kein Sturm weht mich mehr um

Gegen den Wind
Immer grad aus
lasst mich nun ziehn

Für Birgit

Luna –
ein Stern
am hohen Himmelsbogen
eines von unzähligen Lichtern
und doch ein ganz besonderes
denn nur wir beide wissen darum
welches Geheimnis das Universum in sich birgt

Lass uns aufschauen zum nachtblauen Himmel
Ein Stern mit ihrem Namen
ein Gruß der Ewigkeit
an uns beide
für immer –
Luna

Neuland

Tränen –

mal wieder ein ganzer See
von geweinten und nicht geweinten

Unverständnis –
empfunden bei jedem Gespräch

Vertrautheit –
unversehens verloren gegangen

Freundschaft –
nahe am Zerbrechen

Liebe –
vielleicht gestorben

Fremdsein – täglich erfahren

All das hab ich überlebt

Stolz stark frei bin ich

bin Nnankya

Nochmal?

Eine neue Liebe
wünsche ich mir manchmal

Doch ich fürchte mich davor
wieder zu viel zu geben
mich zu verbiegen
mich klein zu machen
nur um geliebt zu sein

Eine neue Liebe –

niemals kann sie größer sein
als die vergangene

Du und ich sind wir

Halte mich
im Dunkel der Nacht

Schenke mir Geborgenheit
und lass mich nicht los
wenn ich weine vor Heimweh

Nimm mich in die Arme
wenn ich mich unverstanden fühle

Lass mich spüren
dass wir beide das Ganze sind

Sag mir
dass wir es gemeinsam schaffen können –

Das
wovon wir träumten
jahrelang

Mein kleines Glück

liegt hinter einer Mauer am Rande der dreckigen Stadt,
wo sich Armut und Krankheit die Hände reichen

Ist tagsüber erfüllt vom Gesang der Vögel und nachts vom Quaken der Frösche

Riecht nach tropischen Blumen und nach dem Müll, der in der Nähe brennt

Tritt mir entgegen in Menschen, die an mich glauben, die mir vertrauen

Beginnt jeden Morgen neu beim Erwachen

Fordert mich täglich aufs Neue heraus, meine Grenzen zu erkennen und zu überwinden

Mein kleines Glück teile ich gerne mit dir, denn du bist meine große Liebe

Symbol in schwarz rot gold

Die Deutschlandfahne vor dem Haus
ist heute sehr zudringlich

Sie weht mir um die Ohren
hüllt mich fast ganz ein

wohl um mir zu sagen
wohin ich eigentlich gehöre

und dass ich nicht vergessen soll
was es bedeutet:

Einigkeit und Recht und Freiheit –

egal für welches Vaterland

Franziskus von Assisi in Bekina

Du warst da, als ich nicht aus und ein wusste, als ich
unglücklich war, enttäuscht und fremd.
In jener schäbigen kleinen Kirche in Bekina, vor der
die Ziegen grasten, sprachst du mit dem Wolf von
Gubbio und hast den Vögeln von Gott erzählt.
Doch eigentlich hast du nur auf mich gewartet, auf
das verzweifelte Menschenkind.

Mutlos, fremd, ungeliebt und verlassen mich fühlend
betrat ich den Raum, suchte eine Entscheidung für
bleiben in diesem Land oder gehen aus diesem Land.
Dann sah ich deine Statue dort stehen, und alle
Zweifel fielen von mir ab.

Du hast mich hier erwartet, vielleicht schon lange,
gabst mir ein zu Hause als mein Bruder, hast deine
Schwester gefunden – fern von Europa, auf fremdem
Kontinent.
Welch große Begegnung in der kleinen Kirche!

Franziskus und Johanna – Kinder Gottes in Uganda –
und nicht mehr allein!

Fremde allerorten

Flüchtlinge waren meine Eltern, vertrieben aus den Ebenen Schlesiens in die Schwarzwaldberge. Verlacht, unverstanden, um Anerkennung bettelnd, fanden sie Heimat hier und Wohlstand, doch vergaßen sie nie ihre Wurzeln. Heimweh plagte sie oft.

Gastarbeiter nannte man sie. Züge Weise kamen sie aus dem Süden Europas, Angst in ihren Augen, hilflos nach Worten suchend in fremder Sprache, schwer arbeitend. Sie blieben hier, fanden gewissen Wohlstand und auch Heimat, doch die Sehnsucht nach dem Land in der Sonne blieb in ihren Herzen.

Als **Asylsuchende** kommen sie, verfolgt von Leuten, die ihnen die Freiheit ihrer Gedanken nahmen und nach ihrem Leben trachteten. Verjagt in die Städte reicher Länder; um Anerkennung flehend. Sie gelangen selten zu Wohlstand oder Ansehen, sind getrennt von Frau und Kindern, werden rücksichtslos in Flieger verfrachtet, zurück zu den Wurzeln, zurück ins Grauen.

Boatspeople werden sie genannt, eingepfercht auf Schiffen, die diesen Namen nicht verdienen, durch deren Planken Wasser dringt. Das rettende Ufer in Sichtweite, dennoch unerreichbar. Angst in ihren Augen, auch Hoffnung. Nichts mehr besitzend, nur die Kleider auf dem Leib. Vielleicht ankommend irgendwo, aufgenommen doch nicht angenommen. Zurückgebracht zu den Wurzeln oder untergetaucht, ohne jede Hoffnung auf Ansehen und Wohlstand.

Aussteigerin nennt man mich wohl da, wo ich herkomme. Alles aufgebend an Besitz und neu anfangend weit weg von dem, was mein Zuhause war. Um Anerkennung bittend, sprachlos in fremder Sprache. Doch Wurzeln will ich schlagen im Land, von dem ich immer träumte. Ungeheure Kraft im Herzen, mit Augen voll Hoffnung und Neugier. Leben am Erdmittelpunkt, Neues erfahren Tag für Tag und doch zu wissen:

Jeden Tag fliegt ein Flugzeug zurück – es ist meine Entscheidung, ob ich bleibe oder gehe. Darum habe ich es besser als all die anderen.

Für Araali

Schon unterwegs warst du

zu den Sternen oder
zum Himmel -

wie auch immer der Ort heißt
an den wir alle zurückkehren

Was hielt dich zurück, mein Araali?

War es mein Rufen?
Meine Gebete?
Mein Herz voll Tränen?
Mein Verhandeln mit Gott?
War es meine Liebe?

Du kamst zurück.
Bleib da.
Dann bleib ich auch

Zum Tod meines Seelenfreundes
Joseph Nsubuga aus Masaka (Oktober 2013)

Herzweh
durch Risse im Herzen
Offene Wunden
aus denen Tränen bluten

Leere Stellen dort
wo bisher dein Platz darin war

Was lässt es weiter schlagen?
Und warum?

Hoffnung heißt das Pflaster
das Wunden schließt
- früher oder später

Erinnerung

Ich sehe deinen Schatten im Garten

Fühle deine Nähe in meinen Nächten

Höre deine Stimme in Herzen
Zärtlich und warm sagt sie „Jo"
So hast du mich immer genannt

Ein Lufthauch
küsst sanft meine Lippen

Nur das ist geblieben
von Joseph

Trauer

Seinen Namen möchte ich schreien
in die Welt hinaus

Trauertränen fließen lassen
zu einem großen See

Darin versinken und hoffen
dass er am Grund auf mich wartet
mich in seine Arme nimmt

und auftaucht mit mir
zu neuem Leben

Sein Name

Ja sagte ich zu dir
Ohne zu zweifeln
Seelenverwandte
Einander ein Geschenk
Plötzlich
Heimatlos

Suche

Ich will ihn finden

im Gesang der Vögel
im Flüstern des Windes

im Rauschen des Regens
im Glanz der Sterne

und ganz tief
in meinem Herzen

Getröstet

Trauer wird erträglich
Tränen versiegen
Schmerz lässt nach
Erinnerung wird kostbar
und Liebe besiegt den Tod

Weiterleben

Ein Mann ist gestorben
eine Frau bleibt zurück

Stellt sich der Gegenwart
ohne Vergangenes zu vergessen

Ihre Kraft kommt aus dem Universum

Umhüllt sie mit Liebe

Und hilft ihr beim Weiterleben

Ruheplatz

Hier ruhst du nun, Joseph:

In einem Bananenhain
eingebettet in die rote Erde Ugandas

Tiefe Stille an diesem Ort
Nur die Vögel singen ihre Lieder

Keine Blumen schmücken dein Grab

Ein Brief von mir
eingemauert in dein
steinernes Bett
für alle Ewigkeit

ist letztes Bekenntnis
meiner Zuneigung

Zurück aus Uganda

Aus dem sonnendurchglühten Land
aus Regen und Schlamm
aus Müll und Dreck
aus Armut Not Tristesse und Mutlosigkeit

Zurück aus der Sprachlosigkeit
und den starren Traditionen

Aus einem Land
in dem die Männer das Sagen haben

Zurück daheim –
Heimat – nie vergessen
wiedergefunden

Nimm mich an

Zeig mir was daheim sein heißt

Vergebung

Zurück bei ihm nach langer Zeit
Wohlgefühl in seinen Armen
die noch stark genug sind
sie zu halten und ihr Sicherheit zu geben

Von hier aus – geborgen an seinem Herzen –
will sie zurückschauen
auf Umwege und Irrwege ihres Lebens
an seiner Seite

Dabei tief in ihrer Seele wissend:
Alles musste so sein wie es war
Es ist nun gut
Die Wunden sind verheilt

Sie kann dieses neue Gefühl für ihn
von Herzen genießen

Kind der Liebe

Zu spät
um ein Kind zu zeugen
Natur hat ihre Grenzen

Stattdessen
lass uns einen Rosenstrauch pflanzen
als Zeichen unserer Zuneigung
an dem wir uns Sommer um Sommer
erfreuen können

Er soll uns erinnern
an gemeinsame gute und schlechte Zeiten
die vorüber sind

Rosen haben Blüten und Dornen –
ähnlich unserer jetzigen Beziehung

Rätsel

Gletschereis
schmilzt messbar
von Jahr zu Jahr schneller

Eisberge im Meer
zerlaufen zusehends

Das Eis der Seen
trägt kaum noch Schlittschuhläufer

Warum dauert es so lange,
bis das Eis sich löst
das Herzen umhüllt?

Was geschieht ...

... wenn sie wirklich untergeht
unsere Erde am 21. Dezember?
Also kurz vor dem Fest?

Werden wir eingesogen
wie von einem riesigen Staubsauger?

Öffnet sich der Boden und verschluckt uns?
Treibt uns ein Stern vor sich her ins Weltall?

Daran denken kann man ja mal
was passieren könnte

Daran glauben muss man nicht

Ich freu mich
auf schöne Zeiten
danach

Gewandelte Frau

Mein Hals so faltig
Mein Haar grau und dünn
Meine Hände voller Altersflecken
Mein Gang nicht mehr so aufrecht

Was hat das Leben aus mir gemacht?

Eine Frau mit strahlendem Blick
mit einem wachen Geist
mit der Weisheit aus sechs Jahrzehnten
mit dem Stehvermögen eines
fest verwurzelten Baumes

und mit der Sehnsucht einer Zwanzigjährigen
nach allem
was da noch kommt ...

Meine Freundin Ulla

Du bist tot –
schon fast ein Jahr

Die Sprachlosigkeit
hat sich gelöst
die Tränen sind getrocknet
die Erinnerung an unsere gemeinsame Zeit
aber noch nicht verblasst

Die Lücke an meiner Seite
ist nicht zu schließen

Doch es gibt Frauen
die etwas näher rücken hin zu mir
die mein Herz berühren
und die ich leise „Freundin" nenne

Doch sie können niemals sein
was du für mich warst

Wieder mal nach Uganda

Reisefieber bricht nicht mehr aus bei dem
Gedanken, bald wieder zu fliegen. Es ist immerhin
schon das achtzehnte Mal in zwölf Jahren – da wird
man fieberfrei.

Sehnsucht – ja, die hab ich, mehr denn je.

Spannung - schon auch, auf Neues und Gewohntes.

Hoffnung – selbstverständlich; gut anzukommen und
Malaria-frei zu bleiben ist wichtig.

Angst – fühle ich keineswegs, da Gottes Engel mich
begleiten werden.

Liebe – dafür zahle ich gerne Übergepäckgebühr,
denn ich bringe mehr als die erlaubte Menge mit!

Gewissheit

Hab es heut ausprobiert
und kann es noch:

Das Schreiben
hab ich nicht verlernt

Gedanken sind genug vorhanden
Das Wörterbuch in meinem Kopf
noch aufgeschlagen

Also auf ein Neues

Ich hab noch was zu sagen
Euch und mir

Nicht jeden Tag
Aber immer mal wieder

Hitzefrei

Unterm grünen Blätterdach
nahe dem Brunnen

Versteckt verborgen

erlebe ich verträumte Sommerstunden
Allein aber nicht einsam

Denn DICH in Herz und Kopf
bist DU immer mir nahe

Zwiegespräch
mit einem guten Freund

Verlust

Achterbahn im Kopf
Karussell im Herz

Steine im Bauch
Seele erstarrt

DU so weit weg

Mich friert

Schmetterling

Bin aus meinem Kokon geschlüpft
und zum schillernden
afrikanischen Falter geworden

Die verlassene graue Hülle
schwebt irgendwo
nahe Dubai am Himmel
und wartet auf meine Rückkehr

Zusammen fliegen wir dann heim
wo der bunte Schmetterling
seine Flügel verliert
und zur Erde stürzt

Rundgang

Viele Zimmer
hat das Haus meines Lebens:

Das der Kindheit – lange her
nur noch Erinnerung

Das der ersten Liebe –
Bittersüße Gefühle wohnen darin

Das meiner Ehe –
Ich öffne es nur einen Spalt
und sehe es ist aufgeräumt

Das meiner Kinder –
Glockenhelles Lachen und
zarter Babyduft umgeben mich
Ich öffne mein Herz und gebe sie frei

Die letzte Tür gleich neben dem Ausgang –
das Zimmer unserer Liebe

Dein Duft ist noch vorhanden
Bilder von dir an der Wand

Hier will ich bleiben
und auf deine Rückkehr warten

Tod von Araali, der meine letzte Liebe war (9.10.2015)

Mit blutroter Tinte
blutrote Worte schreiben
in mein blutendes Herz

Blutrot –
die Farbe der Liebe
die aus meinem blutleeren Herzen
hinströmt zu deiner Seele

Diese Liebe

die war
die ist
und die bleiben wird

Für immer

Fassungslos

Kann es nicht fassen
Schon gar nicht verstehn
oder glauben

Dich nie mehr zu berühren

Deine Augen lächeln zu sehen
wenn sie mich erkennen

Deine Lippen zu spüren
sich öffnend beim Kuss

Deine Arme
mich haltend und beschützend

Das ist vorbei?

Du wirst mich erwarten dort
eines Tages

Erst werde ich
in deine lächelnden Augen schauen

Dann umschließen mich deine Arme
und dein Kuss wird ewig dauern

Gefühl der Nähe

Ich fühle dich
hinter mir
neben mir

Schauer durchziehen mich
wenn ich weiß
dass du da bist

Das ist zu wenig
schreit mein Herz

Das ist mehr
als du erhoffen kannst
sagt mein Verstand

Das ist genug
bis zum Wiedersehn

flüstert meine Seele

Vorhersehbar

Immer sagte ich zu dir:

Wir haben nicht viel Zukunft –
Lass uns die Gegenwart leben

Dein Tod
lässt mich nun von
der Zukunft träumen

Und ich wünschte
sie würde bald beginnen …

Einfach nur traurig

Deinen Duft auf meiner Haut
nach einer Nacht voll Zärtlichkeit
atme ich schon lange nicht mehr

Der Geruch von deinem Hemd
mit dem ich schlafe
verflüchtigt sich mehr und mehr

Wenn er verschwunden ist –
sind dann auch
meine Tränen alle geweint?

Trotz-Gebet

Der Gott
zu dem wir beide
voll Vertrauen beteten
und dem wir unsere Liebe verdankten
hat dich von meiner Seite gerissen

Das habe ich zu akzeptieren

Aus meinem Herzen
kann dich aber auch ER
nicht reißen

Dort wirst du sein
bis wir zusammen verglühen

Angst vorm Vergessen

Manchmal
kann ich dein Gesicht
nicht mehr erinnern

Koste nicht mehr
den Geschmack deiner Küsse
und deines Atems

Fühle nicht mehr deine Arme
die mich halten

Gehst du weg von mir?
Ist es dort so viel schöner?

Bitte
lass mich nicht allein

Komm ab und zu in meine Träume
damit Erinnerung bleibt

Sehnsucht nach Araali

Nicht kleiner geworden
ist die Sehnsucht nach ihm
Sie hat sich nur verändert

Mein Atem
fließt wieder gleichmäßig

Meine Tränen
kann ich kontrollieren

Mein Herz – ja mein Herz
ist immer noch eine offene Wunde
und ich finde nichts
mit dem ich sie verbinden kann

Leben mit gebrochenem Herzen
ist möglich

Erinnern

Nicht vergessen bist du
mein Liebster

Immer noch ist mein Herz
voll von der Liebe
die du ihm gabst

Voll der Liebe
die es dir geben durfte

Nur eine kleine Ecke
ist wieder frei -
nicht für einen anderen Mann

Aber für all das Schöne
das meine Augen empfangen
und direkt dorthin transportieren

Schön zu wissen
dass du da bist
wenn ich deine Nähe brauche

Sprichwortlüge

Die Zeit
heilt alle Wunden
sagt man

Es bleiben aber Narben

Und diese
schmerzen ein Leben lang

Weihnachten 2015 mit Freunden in Uganda

Der Gipfel eines Berges, mühsam erreicht über löchrige Straßen, eine Hochebene.
Mir zu Füßen – schier endlos im blauen Mittagsdunst – soweit das Auge reicht, die grünen Hügel Ugandas.

Ich möchte meine Arme zu Flügeln werden lassen und losfliegen dahin, wo der Horizont die blaue Bergkette berührt.
Der Geruch von Gegrilltem und das Lachen meiner Freunde hält mich zurück. Essen und Trinken mit Fremden, die schnell vertraut werden.
Worte in meiner Muttersprache – wie wohltuend!

Lachen, schwatzen, Atem holen beim Anblick eines grandiosen Sonnenuntergangs. Tanzen im Schein der Sterne und des vollen runden Mondes – ein Augenblick der Ewigkeit, in dem die Zeit innehält und still steht.

Araali ist an meiner Seite, unsichtbar, doch gut zu spüren. Er legt seine Arme um mich und flüstert mir ins Ohr: „Be happy, baby! Be happy!"
Und das bin ich wirklich in diesem Augenblick. I am happy

Für B. J. zum Neujahr 2020

Du sollst glücklich sein und gesund
Fröhlich und voller Schwung

Du sollst leben lachen lieben

das ist mein Wunsch für dich
fürs Neue Jahr

Er kommt aus der Tiefe
meines traurigen Herzens

Letzte Tränen

Tränen an Silvester
garantiert
die letzten dieses Jahres

Sie werden trocknen
bevor der Neujahrsmorgen
hoffnungsvoll mir zublinzelt

Ungebunden

Unterwegs will es sein
nicht eingesperrt

Laut will es schlagen in Freude
Leise und zärtlich
wenn es liebt

Unruhig ist es
doch meistens zufrieden
und ruhend in sich selbst

Mein Herz:
Treuer Begleiter durch so viele Jahre
Verlässlich und unermüdlich

Nein ich sperre dich nicht ein
Du darfst frei sein
bis zu deinem letzten Schlag

Mein Kraftname

Er nannte mich Akiiki

Das klang so schön
aus seinem Mund

Voll Zärtlichkeit seine Stimme
Ein Lächeln in seinen Augen
Das Wort geflüstert an meinem Ohr

Warum gibst du mir diesen Namen?
Was bedeutet er in deiner Sprache?
fragte ich ihn

Die Reisende
So wie du
Die die kommt und geht
So wie du –
Das war seine Antwort

Ich kam wieder im November
Doch er ging schon im Oktober

Weit weit weg von mir

Zu den Sternen sagt man
Oder in den Himmel

Irgendwann werde ich es hören
wenn seine Stimme ruft: Akiiki!

Dann gehe ich zu Araali
und bleibe bei ihm

R.I.P. Helmut +14.02.2020

Herz an Herz
begannen wir als Verliebte
unseren gemeinsamen Weg

um ihn später
Hand in Hand
mit unseren Kindern weiter zu gehen

Er schien uns endlos

Als sich unsere Herzen trennten
blieben dennoch unsere Hände verbunden

Nun bist du den Weg allein
uns vorausgegangen

Manchmal meine ich
den leichten Druck deiner Hand
noch zu spüren

Dann hat auch
mein Herzschlag ein Echo

Liebe – stärker als der Tod?

Ich weiß nicht
Vielleicht
Gut möglich
Wahrscheinlich

Philosophie

Alle Gedanken
die je gedacht

Alle Worte
die je gesagt

bewegen sich beständig
fort im Strom des Lebens

auf dem Weg
ins Meer der Unendlichkeit

Satzfetzen

Strom
strömen fließen bewegen

Halt suchend
doch haltlos
Unaufhaltsam im Sog der Tiefe

Verströmen in Liebe
von Herz zu Herz

Portiunkula-Kapelle auf dem Abtsberg

Ein kleines Stückchen Land
mit einem kleinen Gebäude
gefügt aus groben Steinen
Uneben der Boden

Ein paar Bänke laden ein
zum still warden und Innehalten

Höre in deinen Ohren das Murmeln
all der Gebete
die hier gesprochen

Spüre in deinen Augen
all die Tränen der Trostsuchenden

Fülle deinen Mund
mit all den Worten
den lauten und leisen
die lang schon verweht

Fühle in deiner Brust
den Herzschlag aller
die je hier waren

Kleines Stückchen Land
mit unscheinbarer Kapelle
- gefüllt mit so viel Kostbarkeit

Ankunft

Pilger auf dem Weg
durch schattigen Wald

Wohltuende Kühle
Tanzende Sonnenkringel in den Bäumen

Lärmlos

Schweigendes Gehen
Nur der Wind und
die Glocke der kleinen Kapelle –
einzige Geräusche die begleiten

Ein Ruf von hinten
Helles Klingeln
Mountainbiker drängen vorbei

Von oberhalb der Bäume
das Dröhnen eines Fliegers

Franziskus ist angekommen
In unserer Zeit

Angekommen vielleicht –
doch ruhelos tanzt er
weiter durch die Jahrhunderte
und zieht Menschen mit sich

(März 2020, in Hausarrest)

Das Wort mit C

Im zeitlosen Raum
den Atem anhalten

Die dunkle Wolke am Firmament nicht sehen
aber ahnen mit allen Fasern des Seins

Erst abwarten
dann warten

Ungewohnt eingeschränkt

Tatenlos
wo wir doch Macher sind

Aushalten
auch die Einsamkeit

Zeit des Aufatmens
wird kommen
bald schon
oder irgendwann

(März 2020, in Hausarrest)

Frühmorgens

Amsel

singt im Morgengrauen ihr Lied
ihr Lied für den Frühling

Sie weiß von nichts Anderem
hat nur zu singen wie immer schon

Ihre Töne
dringen durch die Dämmerung
Erreichen die Menschen
und Machen sie froh
für einen Augenblick

Kleiner unscheinbarer Vogel
mit großer Stimme

Sing Hoffnung in unsere
ängstlichen Herzen

(März 2020, in Hausarrest)

Sichtweise

Vom Fenster aus betrachtet
sehen die Osterglocken
viel gelber aus als sonst
Wirkt das Gras viel grüner
Lacht der Himmel blau in blau

Meine Augen
freuen sich daran
auch aus der Ferne

Lichtblicke in diesen Zeiten

Wie schön wird es sein
wenn ich barfuß
durch Sommerwiesen laufen kann

Ich freue mich schon

Herzgefährten

So will ich euch nennen

Euch
die ihr mich begleitet habt
durch mein Leben bisher:

Manche nur eine kurze Wegstrecke
Andere Jahre ja Jahrzehnte hindurch

Auch wenn wir uns
inzwischen vielleicht
verloren haben –
vergessen seid ihr nicht

Wart mir treue Weggefährten
Habt mit mir gelacht und geweint
und halft mir in meiner Entwicklung
zu der die ich heute bin

Dafür und für vieles mehr:
Danke von Herz zu Herz

Am Wegrand gefunden

Gedichte aus der Natur

Frühling

Bald

Januarfarben
der Himmel über
dezemberweißem Land

Abenddunkel weicht auf
Dämmerung statt Nacht

Zeichen des Hoffens
im Morgenlicht

Nicht mehr lange
und der Storch
kehrt zurück

Ende Februar

Väterchen Frost
der gestrenge alte Herr

regiert über
Eiskristalle Schneegestöber klirrende Kälte
Hat sie fest in seiner Hand

Und kann doch nicht verhindern
dass seine Herrschaft
bald zu Ende ist:

Dann werden Eisblumen
zu Frühlingsblüten und
Sonne taut gefrorene Herzen

Springtime and hope

Da sind sie endlich wieder –
die dottergelben Punkte
im frischen Grün der Wiesen
Und täglich werden es mehr

Löwenzahnblüten

Mir ist
als setzen sie sich
in meiner wintergrauen Seele fest

Machen sie licht und weit
bis auch sie
aus ihrer dunklen Trägheit erwacht
und bereit ist

zu neuem Leben
zu neuem Lieben

Blütentraum

Bäume

bedeckt von weißen Blütenschleiern
wie kichernde Bräute

Darunter schlafend
und wartend auf ihre Zeit
pralle süße Junikirschen

Atempause

Der Sommer
hat sich schlafen gelegt

Unter dicken nassen grünen Graskissen
schöpft er neuen heißen Atem

Träumt vom glutvollen Kuss
der Augustsonne
die ihn weckt –

Vielleicht schon morgen

Im Sommerwald

Grün-goldene Lichtflecken
tanzen auf dunkelbraunem Waldboden
nach einer unhörbaren Melodie

Greifbare Stille

Nur das Säuseln des Windes
in den hohen Wipfeln
und der Mittagsruf eines einsamen Vogels
unterbrechen die Zeitlosigkeit

Bäume
zum Anlehnen Umarmen Kraft tanken
Feststehend seit Jahrzehnten
Andere - vom letzten Sturm entwurzelt -
vom Alter geschwächt
wollen überstiegen werden

Unterholz
dicht dunkel modrig geheimnisvoll
weckt Phantasien und Angst aus Kindertagen

Wald – Kathedrale von Gott erbaut

Mehr Sein als Schein

Mir scheint
das Blau des Himmels
wird täglich etwas blasser

Mir scheint
die Vögel
machen sich reisefertig

Mir scheint
die hellen Tage
werden früher dunkel

Mir scheint
es heißt bald Abschied nehmen
von diesem Sommer

Mir scheint
er wird von Jahr zu Jahr kürzer

Mir ist
- so scheint mir –
jetzt nach ein paar Tränen

Juli 2013

Pralle Sonne schon morgens
Glühend heißer Mittag
in flirrender Hitze

Pflanzen – durstig nach Wasser

Endlich: Erlösende Dämmerung

danach
schlaflose Nacht
schwitzend
sich wälzend
keine Ruhe findend -

so wie damals in Afrika

Auf dem Abtsberg in Gengenbach

Gräser und Blätter im Wind
tanzen wie ich einst als Kind

Im lockeren Reigen
Sich drehen und neigen
Sich biegen und wiegen

nach des Schöpfers Melodie
als Ausdruck seiner Fantasie

Neue Tage sollen kommen

Ich bin des Sommers müde
mit seiner gnadenlosen Glut
und der schläfrigen
Monotonie der Tage

Ich sehne mich nach Händen
die mich in den
Schatten ziehen
und nach Stimmen
die vom Herbst erzählen

Sturzflug

Ein blau-gelber Drache

Losgelassen
mit Leichtigkeit zum Höhenflug
dem Wind vertrauend
in die Freiheit des blauen Himmels

Gelandet
in der Krone eines Apfelbaums

Festgehalten
von den Klauen dürrer Äste

Zerbrochen
in der Wucht des wütenden Herbststurms

Gestorben
im Frost einer kalten Oktobernacht

Begraben
unter der dünnen Decke des ersten Schnees

Vergessen ...

Am Abend

Einsamer Vogel
im Dämmergrau des kahlen Baumes
hoch über dem dunklen Wasser des Flusses

Singt schläfrig sein Nachtlied

Sein Nachtlied für den Sommer
der nun endgültig vergangen ist

Stimmungsbild

Des Mondes schmale Sichel
über frostklammen Feldern

Wie Scherenschnitte
die Silhouetten der kahlen Bäume
dem Horizont zugewandt

Im Flirren der Sterne hoch oben
das blinkende Licht zweier Flugzeuge

Ein einsamer Laut
aus dem Schatten des nahen Waldes

Unter meinen Füßen
das verschwimmende Dunkelgrau des Weges

Alleine bin ich mit den Gedanken
auf meinem Gang
durch die stille Novembernacht

Irgendwo bei Münster

Bäume
groß und mächtig
umstehen ein Haus
wie schützende Engel

Selbst ausgeliefert dem Herbststurm
Bald schon ihrer Blätter beraubt

Biegsame starke Gerippe
Schutzlos doch schützend
Wehrlose Wächter

Melancholie

Graue Masse
sowohl der Fluss
als auch der Himmel darüber

Blau versteckt unter
schwerem Gewölk
Grenzt sich ab vom Gewässer

Zieht eigene Wege
und findet doch zurück
um zu färben -

oben und unten

Am Rhein

Dort oben saß sie
(sitzt sie noch immer?)
und kämmt ihr schönes Haar

Nicht mehr blond
nach all der Zeit
Vielleicht mit Moos durchzogen
von Flechten verziert

Rau geworden ist ihre Stimme
oder gar verstummt

Tonlos
schaut sie nach unten
in den Fluss

Der Schiffer schaut nicht hinauf zu ihr
Hat anderes zu tun
mit dem Boot voll Touristen

Er will die alte Sage erzählen
doch keiner hört zu
Selfies sind wichtiger

So vergeht der Moment ungenutzt

Und schon bleibt sie
auf ihrem Felsen
hinter der Flussbiegung zurück
die Loreley

Armes altes Mädchen
So einsam

Spätherbst am Bodensee

Die Berge verhangen
So grau der See

Kahle Bäume
Nasse Wiesen

Nebelnieseln
Regen überm Land – November

Finde Hoffnung
hinter der Nebelwand

Erster Herbst nach Uganda

Dunkler Tannenwald mit bunten Flecken
aus gefärbtem Ahorn und Buchen

Blauer Herbsthimmel über den Höhen

Sonne berührt schon die höchsten Gipfel
taucht sie in ein frühes warmes Licht

Der erste Raureif
auf noch saftig grünen Matten

Viele Male schon erlebt
doch nie so neu wie heut

Mein Herz –
zutiefst berührt an einem Punkt
der Kindheit heißt

Angekommen im Herbst
Wartend auf den Winter
Hoffend auf neuen Frühling und
neuen Sommer

Oktober

Krähen

Schwarz glänzende
gefiederte krächzende Punkte
auf braungepflügtem Acker

suchen die spärlichen Reste
der vergangenen Ernte
Hungrig doch sommersatt

Winter und Weihnacht

Frost-Tag

Kalte Füße
trotz dicker Socken

Rot gefrorene Ohren
Hände ohne Gefühl

Das gehört zum Winter
und ist nur äußerlich

Von innen wärmt mich
das Wissen um deine Liebe

Ich weiß
dass bei dir Wärme ist
und Licht und
glutvolle Leidenschaft

Nie werde ich erfrieren
solange es dich gibt

Advent 2012

Sonnenschein
über vom Raureif gezuckerten Land

Weihnachtsmärkte allerorten
Glühwein und Bratwurst gehören dazu

Wo sind
Lebkuchen Früchtebrot Dominosteine?

Danke, kein Bedarf!
Das hatten wir schon im September
und sind satt

Advent –
demnächst vorverlegt auf Ende Sommer?

Christfest

Das ist doch nicht der Weihnachtsengel
der auf dem Markt Glühwein verkauft
vom Möbelprospekt lächelt
oder vor dem Supermarkt Lose anbietet!

Den echten Weihnachtsengel findest du nur
wenn du ihn suchst tief in dir selbst

Winzig klein hat er sich dort versteckt
Je mehr du an ihn denkst
umso größer und strahlender wird er

Teile mit ihm deine Erinnerungen
Erzähle ihm von deinem Heute
Bitte ihn um seine Begleitung
durch die Zeit in der du lebst

Das Licht das von ihm ausgeht
strahlt dann zurück aus deinen Augen
und wird Weihnachten überdauern -
wenn du es willst

Hab keine Angst

Geh engelwärts

Lichtgedanken

Da stehen sie nun wieder an den Fenstern
und leuchten hinaus in die frühe Nacht:

Kerzen Laternen Lichterbögen
mit der Botschaft von
Nähe Wärme
Geborgenheit Frieden

Was würde geschehen
wenn ich einfach klingle an den Türen
und sage, dass ich mein Herz
wärmen will in ihren Stuben?

Würden sie mich einlassen?
Ich bin mir nicht sicher …

Da wärme ich mich lieber an jenem Licht
das nie aufgehört hat zu leuchten
schon so lange Zeit
und dessen Helligkeit
in Jahrhunderten nicht dunkel wurde

Es ist da
für Sehende und Suchende
für Tastende und Zögernde
für alle die es finden wollen
Es macht die Herzen weit
Wärmt die Seelen bis zum Grund
und gibt nichts als Liebe

Mache dich auf
Suche den Strahl des Lichts von Bethlehem
und wisse:
Bethlehem ist überall

Weihnacht

Das Licht der Heiligen Nacht
leuchtet
bis in die dunkelsten Ecken
unserer Welt
und lässt uns wissen:

Auch dieses Jahr
wird ER wieder geboren

Und mit ihm
Hoffnung Zuversicht und Freude

Darum:
Fürchtet euch nicht

Raunächte

Zwischen den Jahren

Im zeitfreien Raum
dem Weihnachtswunder noch nachspüren
ohne es festhalten zu können

Gebunden an Vergangenes
Frei werden für Neues –

Hoffnung strahlt aus kalter Wintersonne

In Uganda

Geheimnis

Der grüne Hügel hinter unserm Haus -
ich hab ihn jeden Tag vor Augen
von früh bis spät

Was ist dahinter?

Menschen sehe ich dort hin und wieder
Autos fahren vereinzelt
Kühe ziehen abends drüber hin
Feuer brennen in der Dunkelheit

Ich hörte sagen
man könne von dort oben
den Lake Victoria sehen
und den Lake Nabugabu

Der grüne Hügel hinter unserm Haus –
demnächst werde ich ihn erkunden

Wenn es stimmt was die Leute sagen
sehe ich auch die Seen

Um zu wissen muss man schauen

Uganda-Wind

Wind –

Bewegt den Avocadobaum
Treibt rote Blüten vor sich her

Weht ums Haus
pfeift um die Ecken
lässt den heißen Tag erträglicher werden

Er wirbelt den Straßenstaub
auf Blumen und Sträucher

Trocknet die rote Erde aus
Macht sie hart und unfruchtbar

Wind –
bringe uns auch den Regen
auf den wir lange schon warten

Zeitlos

Unterm Papayabaum

Sonne auf der Haut
Wind im Haar

Rauschende Bäume

Spielende Kinder nebenan
Gelächter aus der Küche

Dösende Hunde neben mir

Sonntagsfriede

Sonntagmorgen

Trommeln
dröhnen den Hügel herauf

Unsichtbar
finden ihre Töne meine Ohren
laden ein zum Tanz

Wind
bewegt ein dürres Maisfeld
bringt es zum Rascheln

Vögel
mit verschiedenen Stimmen
beginnen ihr Morgenlied

Über allem der graublaue Himmel gespannt
Kathedrale für ein großes Konzert

Black Sisters

An einem Ort in Uganda
warten Frauen auf mich, ihre Schwester

Sie nehmen mich in ihre Mitte
Tanzen und singen
Lachen und weinen mit mir

Sie erzählen von ihrem Glück
Ich erfahre von ihrem Leid
Ich werde sein wie sie

Und mich geborgen fühlen
wie ein Kind im Schoß seiner Mutter –
bei den Frauen von Nakayiba!

Heimkehr nach Uganda

Wenn du den roten Boden betrittst
der Rauch von Feuern in deinen Augen brennt
dich die Vögel laut rufend
willkommen heißen -

Wenn Trommeln und Gesänge
in deinem Herzen widerhallen
und deine Seele zum Schwingen bringen

Wenn du tief in dir Ruhe spürst und Frieden -

Dann bist du angekommen
und angenommen

Lass dich fallen

Du wirst aufgefangen
und getragen von Menschen
die schon lange auf dich gewartet haben

In der Frühe

Die erste Tasse Tee
getrunken im Garten
während der Eisvogel
das Grau der Mauer
blauviolett schillernd unterbricht

Umgeben von den Geräuschen
des neu erwachten Tages
ähnlich dem gestrigen
und doch anders

Gewärmt von der Äquator-Sonne

Wartend auf das
was der Tag wohl bringt –

welch ein glücklicher Moment!

... und ER hört mir zu

Gebete

Stimme

Öffne dein Herz
Lass geschehen
was geschieht

Worte –
erweckt in mir
während eines Gottesdienstes

Also öffne ich
vertrauensvoll mein Herz
und lasse geschehen
was geschieht –

Behütet – getragen – geliebt

Du Gott des Sommers,

lass auch meine Tage wieder hell werden,
löse meine Seele aus ihrer Erstarrung
und wärme mich mit deinem Sommeratem.

Wärme mich, Vater, wärme mich

Du Gott der Abendstille,

nach anstrengendem Tag
komme ich zu dir
und will nur noch bei dir sein.

Ausruhen, loslassen, träumen –
all das kann ich in deinen Armen,
die du behutsam um mich legst.

Du Gott des Aushaltens,

mache mich geduldig wie einen Baum,
der dem Unwetter trotzt
und deshalb stark wird.

Lass meine Verletzungen heilen,
auch wenn es lange Zeit dauert.
Heile mich, Herr

Du Gott des blauen Himmels,

Freude spüre ich beim Blick in das Himmelsblau
und Sehnsucht nach etwas,
das sich nicht in Worte kleiden lässt.

Ich glaube, ich sehne mich nach dir.
Wer sich sehnt, liebt.
Danke, Abba

Du Gott der Wärme,

eingehüllt in den Mantel
deiner guten Liebe und Wärme
vermag meine Seele
auch frostige Zeiten zu überstehen,
denn dein Atem ist tief in mir
und hält mich am Leben.

Ich spüre dich, mein Gott,

in den Sonnenstrahlen auf meiner Haut.
Ich fühle dich, mein Gott,
wenn Kinderhände scheu mich berühren.
Ich suche dich, mein Gott,
in freundlichen Gesichtern,
die mich anlächeln.
Ich schmecke dich, mein Gott,
in den köstlichen Früchten,
mit denen du mich satt machst.
Ich höre dich, mein Gott,
wenn Trommeln und Gesang dich loben.
Ich atme dich, mein Gott,
wenn Liebe mich umhüllt
wie ein wärmender Mantel.

Du, überall du,
sichtbare Spuren deiner Güte
auf meiner Reise durch Uganda.

Gott, ich sehe dich als Baum,
in dessen Schatten ich ausruhen darf,
wenn ich unruhig bin und müde,
dessen Stamm ich umarmen kann,
wann immer ich Nähe suche,
dessen Wurzeln mir Halt geben
in den Stürmen meines Lebens
und dessen Blätter
mir leise zuraunen:
Du bist geliebt!

Herr, Gott, mein Schöpfer,
ich finde dich in der Morgenröte
zu früher Stunde.

Du zeigst mir in der Vielfalt der Farben
die Fülle deiner Kreativität.
Du lässt rosa in blau zerfließen.
Ein Hauch von orange
vom Rand des Horizonts,
mit den dunklen Farben
der schwindenden Nacht vereint,
lässt jedes von Menschenhand
geschaffene Aquarell

Wieder schenkst du mir
die erwachende Sonne,
die Wärme und Helligkeit schenkt.

Umarme mich, Herr,
mit deiner nie versiegenden Liebe
und lass mich dir danken
für das Erleben
eines neuen einzigartigen
Morgens.

Gott, heute suche ich Antwort,
die ich sonst nirgendwo finden kann, bei dir.
Täglich lässt du mich hier in Kinderaugen blicken, in
denen ich das Leid deines Sohnes sehen kann.
Wo ist das übermütige Funkeln, der unschuldige
Blick?

Was ich sehe, ist Armut, Not, Verlassenheit,
Lieblosigkeit – und noch viel viel mehr. I
Ich finde keine Zukunft in ihren Augen, nur Trauer.
Darf ich fragen, warum du das zulässt?
Darf ich dir sagen, dass ich es nicht verstehe?
Darf ich dich bitten, etwas zu ändern?
Fang irgendwo an.
Lass diese Blicke nicht selbstverständlich für uns
werden, nicht alltäglich.
Herr, ändere uns.

Anbetung

Der Weg zu DIR –
dem Pfeil nach
durch den Klosterhof
um die Ecke des Konvents

Stufen abwärts
dem Lichtschein nach
in ein Gewölbe

Zwei Kerzen
Eine Sandsteinstele
Darauf die Monstranz
mit ihrem kostbaren Inhalt

Du sendest Strahlen
direkt mir ins Herz

Energie fließt
von dir zu mir

Meine Kraftquelle JESUS

Deine Liebe durchdringt mich
Ich nehme sie auf
berge sie in meinem Herzen
so wie ich in deinem geborgen bin

Heute und für ewig

Die Kraft des Singens

Sei gelobt mein Gott
Refrain einer Vertonung
des Sonnengesangs

Ständig wiederholt
mit lauter oder leiser Stimme

Sei gelobt mein Gott

Da öffnen plötzlich die Wolken den Himmel
und bereiten den Weg
für Schwester Sonne
die mit ihren Spätnachmittagsstrahlen
den kleinen Chor zu dirigieren scheint

Sei gelobt mein Gott
mit allen deinen Geschöpfen

Inhaltsverzeichnis